GUSTAVE HAREL

NOTES De Théâtre

L'Année Théâtrale 1896-1897 au Mans

DIRECTION — COMPOSITION DE LA TROUPE
PIÈCES REPRÉSENTÉES — SILHOUETTES ARTISTIQUES
ARTICLES DIVERS, FANTAISIES

Prix : 75 centimes

LIBRAIRIE HAREL
33, Avenue Thiers

BUREAUX DU *SCAPIN*
Rue du Porc-Épic, 5

LE MANS

1897

NOTES DE THÉATRE

L'Année Théâtrale 1896-1897 au Mans

DU MÊME AUTEUR :

DESSIN

Méthode de dessin à main levée, en 10 cahiers, chaque cahier . . . . 0 f. 10

Méthode de dessin en tableaux, 24 grands tableaux tout en noir, chacun. 0 30

En noir et rouge, chacun 0 50

(*Ces deux ouvrages chez* Monrocq frères, éditeurs, 3, rue Suger, Paris.)

MUSIQUE

Les Voix enfantines, 5 morceaux très simples, à 2 et 3 voix (la série se continue), chacun. . . 0 40

(Picard et Kaan, éditeurs, 11, rue Soufflot, Paris.)

Suprême Amour, *Mélodie,* petit format 0 30

Avec accompagnement. . . . . 3 »

(L. Laloue et Cie, 5, boulev. Poissonnière, Paris.)

LITTÉRATURE

A travers les Branches (*Nouvelles et Récits*). . . 3 »

(Lecène et Oudin, édit., 15, rue de Cluny, Paris.)

Mon cher petit Robert (*Souvenir*), épuisé.

EN PRÉPARATION :

Loin des Villes (*Poésies*).

Petits Portraits fin de siècle (*Études humoristiques*).

Notes Biographiques et littéraires.

GUSTAVE HAREL

NOTES

De Théâtre

L'Année Théâtrale 1896-1897 au Mans

DIRECTION — COMPOSITION DE LA TROUPE
PIÈCES REPRÉSENTÉES — SILHOUETTES ARTISTIQUES
ARTICLES DIVERS, FANTAISIES

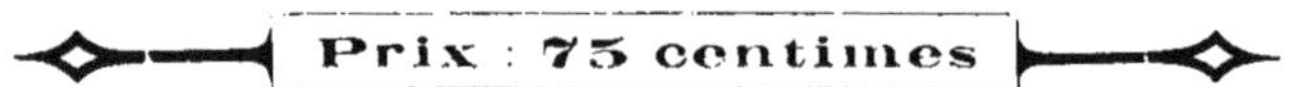

LIBRAIRIE HAREL — 33, Avenue Thiers

BUREAUX DU *SCAPIN* — Rue du Porc-Épic, 5

LE MANS

1897

Le Mans. — Association Ouvrière Hétrot-Guénet et Cie

PRÉFACE

L'esprit le plus précis, le plus sérieux, a ses inquiétudes, ses curiosités.

Il aime à se représenter les gens dont il a entendu parler, les personnages dont il connaît l'histoire, les artistes qui, par leurs œuvres, l'ont séduit, enchanté, les littérateurs dont les productions l'ont nourri, réconforté, élevé, tout au moins intéressé.

Cette tendance à établir le portrait de personnes qu'on n'a jamais vues est aussi curieuse que générale.

Tous les jours vous entendez dire : « Voyez comme on se trompe ! je m'étais fait une idée tout autre de telle dame ; je la croyais grande, distinguée, jolie, avec une abondante chevelure noire : et il se trouve qu'elle est petite, boulotte, commune et blonde.

— Je me représentais ce monsieur de moyenne taille, élégant, avec une petite moustache brune, coupant un visage un peu pâle aux traits fins, au regard expressif; eh bien! j'avais fait erreur; il est long comme un jour sans pain, porte toute sa barbe taillée en pointe, et jamais la moindre flamme ne passe dans ses yeux morts et n'éclaire sa figure glacée. »

Ce désir impérieux de connaître est lié à un besoin puissant de se rappeler.

On essaye de ressaisir les traits, les gestes, la physionomie des gens qu'on a rencontrés, entendus, dans telle ou telle circonstance de la vie, qu'on a trouvés sur son chemin à certains tournants de l'existence.

L'idée des Notes de Théâtre *est née de cette disposition particulière de l'esprit.*

J'ai pensé que les nombreux amateurs qui fréquentent plus ou moins notre scène municipale seraient heureux de pouvoir fixer leurs souvenirs à l'aide d'une sorte de vade-mecum contenant, entre autres choses, la nomenclature des pièces jouées et la silhouette des artistes.

Pourquoi les saisons théâtrales, qui jettent sur la monotonie souvent lourde et terne des occupations quotidiennes des lueurs si précieuses et parfois si vives, n'auraient-elles pas leur histoire?

Que de particularités originales, charmantes, que de détails piquants, de renseignements utiles elles renferment!

Ne pensez-vous pas qu'il y aurait grand avantage à sauver d'un éternel oubli ces choses attrayantes sur lesquelles, si on n'y prend garde, le Temps aura vite jeté son impénétrable voile?

C'est précisément le but de ce petit livre.

Il commence une série qui peu à peu s'enrichira de portraits et de gravures que je n'ai pu, faute de temps, me procurer cette année.

Si les amateurs de curiosités locales trouvent l'idée bonne, si les Manceaux qui suivent le théâtre peu ou prou veulent bien s'y intéresser, je me trouverai suffisamment récompensé des quelques efforts que m'a coûté cette brochure.

Car je n'ai nullement entendu faire œuvre de spéculation.

Le désir d'être agréable au public avec lequel Scapin *m'a mis en relations cet hiver m'a seul préoccupé et forme toute mon ambition.*

GUSTAVE HAREL.

Saison Théâtrale 1896-1897

DIRECTION & ADMINISTRATION

	MM.
Directeur	JULES JOANNY ;
Administrateur.	JOANNY père ;
Chef Machiniste.	CROCHARD ;
Secrétaire	CRET ;
Contrôleur	SCHAEFFER ;
Souffleur	BORGÈS ;

Costumes de la Maison CHANTEAU

1.

Composition de la Troupe

DRAME & COMÉDIE

MM.

CHERVET. — Régisseur général ;
MONCOURTOIS. — Régisseur de la scène ;
MARY. — Deuxième régisseur ;
JOANNY, de la Porte-Saint-Martin, en représentation ;
VEUILLET, grand premier rôle en tous genres (Lyon) ;
WILFRID, jeune premier rôle (Marseille) ;
CHERVET, grand troisième rôle, second premier rôle (Renaissance) ;
BERDET, grand premier comique ;
DELANNOY, grand premier comique (Toulon) ;
PÉLIO, jeune premier (Vaudeville) ;
GUERCY, jeune premier comique (Toulouse) ;
MUSSET, premier rôle marqué (Amiens) ;
CAMM, comique grime (Bordeaux) ;
MONCOURTOIS, rôle de convenance (Lille) ;
CARRY ;
GUY ;
MARY ;

Mmes

Philiberte, grand premier rôle (Bordeaux) ;
Vasseur ;
Gilberte, ingénuité, jeune première ;
Céline d'Embrun, première duègne, mère noble (Paris) ;
Belli, grande coquette, second premier rôle (Paris) ;
Danoel, première amoureuse (Lille) ;
Chervet, rôles de genre (Paris) ;
Florentin, première soubrette.

OPÉRA ET OPÉRETTE

MM.

Camm. — Régisseur de la scène ;
André. — Deuxième régisseur ;
Berindoague. — Premier chef d'orchestre ;
Steiner. — Deuxième chef ;
Mikaelly. — Premier ténor léger (Lyon) ;
Artus. — Première basse (Lyon) ;
Dupuis. — Baryton (Rouen).

BROUSSAN. — Baryton (Marseille).
DELMAS. — Deuxième ténor (Rouen) ;
ARNAULT. — Deuxième basse (Nice) ;
BAREILLE. — Trial (Le Havre) ;
CAMM. — Laruette ;
LEBRUN. — Troisième ténor (Caen) ;
STEINER. — Troisième basse (Amiens) ;

Mmes

VALDURIEZ. — Première chanteuse légère (Lyon) :
MARTHYL. — Première dugazon (Montpellier) ;
AZÉMA. — Mère dugazon (Toulouse) ;
PELTIER. — Deuxième dugazon (Rennes) ;
ESTHER. — Deuxième chanteuse ;
DELMAS. — Pianiste.

Œuvres représentées pendant la Saison 1896-1897

DRAME & COMÉDIE

OCTOBRE

15. **Les Danicheff,** 4 actes (Pierre Newski).
18. **La Voleuse d'Enfants,** 5 actes (E. Grangé et Lambert Thiboust).
20. **La Plantation Thomassin,** 3 actes (Ordonneau), et **Le Rendez-Vous,** 1 acte (François Coppée).
22. **La Dame aux Camélias,** 5 actes (Alex. Dumas fils).
25. **Patrie,** 5 actes (Victorien Sardou).
27. **Le Petit Lord,** 3 actes (Lemaire, Burnett et Schurmann), et **Au Pain sec,** 1 acte (M. B...).
29. **La Boule,** 4 actes (Meilhac et Halévy), et **Le Rendez-Vous** (*Reprise*).
31. **Le Juif Errant,** 5 actes (E. Sue).

NOVEMBRE

3. **La Voleuse d'Enfants** (*Reprise*), et **La Plantation Thomassin** (*Reprise*).
5. **Le Monde où l'on s'ennuie,** 3 actes (Pailleron).
8. **Le Naufrage de la Méduse,** 5 actes (Ch. Desnoyers), et **La Boule** (*Reprise*).

12. **Les Femmes nerveuses**, 3 actes (Ern. Blum et Raoul Toché), et **Le Petit Voyage**, 1 acte (E. Labiche).
15. **Le Bossu**, 5 actes (Anicet Bourgeois et Paul Féval).
17. **Les Femmes nerveuses** et **Le Petit Voyage** (*Reprises*).
19. **Le Fils de Coralie**, 4 actes (Albert Delpit) et **La Revanche d'Iris**, 1 acte (Paul Ferrier).
22. **Maman Gâteau**, 6 actes (Fernand Maynet et Marie Geffroy).
26. **Maman Gâteau** (*Reprise*).
29. **Les Mousquetaires ou 20 ans après**, 5 actes (Alex. Dumas père).

DÉCEMBRE

3. **Gavaut, Minard et Cie**, 3 actes (Edm. Gondinet), et **La Revanche d'Iris** (*Reprise*).
6. **Hoche**, 5 actes (Georges et Emile Richard et Louis Launay).
7. **Hoche** (*Reprise*).
10. **L'Abbé Constantin**, 3 actes (H. Crémieux et P. Decourcelle), et **Gavaut, Minard et Cie** (*Reprise*).
13. **La Mendiante de Saint-Sulpice**, 5 actes (X. de Montépin et J. Dornay).
17. **Cabotins**, 4 actes (Ed. Pailleron).
20 **La Mendiante de Saint-Sulpice** (*Reprise*).
25. **La Mendiante de Saint-Sulpice** (*3e*).
27. **Les Pirates de la Savane**, 5 actes (A. Bourgeois et F. Dugué).

JANVIER 1897

1er. **Les Deux Orphelines**, 5 actes (d'Ennery et Cormon).
2. **La Mendiante de Saint-Sulpice** (*Reprise*).

3. **La Tour de Nesle,** 5 actes (A. Dumas père et Guillardet).
9. **Les Deux Gosses,** 5 actes (Pierre Decourcelle).
10. **Les Deux Gosses** (*Reprise*).
12. **Les Deux Gosses** (*3*e).
14. **Les Deux Gosses** (*4*e).
16. **Les Deux Gosses** (*5*e).
17. **Les Deux Gosses** (*6*e).
19. **Les Deux Gosses** (*7*e).
21. **L'Ami Fritz,** 3 actes (Erckmann-Chatrian), et **Un Mari dans du coton,** 1 acte (Lambert Thiboust).
23. **Les Deux Gosses** (*8*e).
24. **Les Deux Gosses** (*9*e).
26. **Les Deux Gosses** (*10e*).
28. **Les Deux Gosses** (*11e*).
31. **Les Deux Gosses** (*12e*) — MATINÉE.
Le Chevalier de Maison-Rouge, 5 actes (A. Dumas père et Maquet). — SOIRÉE.

FÉVRIER

2. **Les Deux Gosses** (*13e*).
4. **Divorçons,** 3 actes (V. Sardou et de Najac), et **L'Ami Fritz** (*Reprise*).
7. **Les Deux Gosses** (*14e*). — MATINÉE.
Martyre, 5 actes (A. d'Ennery et Tarbé). — SOIRÉE.
9. **Les Deux Gosses** (*15e*).
13. **Sainte-Russie,** 5 actes (Gugenheim).
14. **Les Deux Gosses** (*16e*). — MATINÉE.
Sainte-Russie (*Reprise*). — SOIRÉE.
16. **Le Maître de Forges,** 4 actes (Georges Ohnet).
18. **Sainte-Russie** (*3*e).

21. **La Mendiante de Saint-Sulpice** (*Reprise*).— MATINÉE. **La Dame de Monsoreau,** 5 actes (A. Dumas père). — SOIRÉE.
23. **Les Deux Gosses** (*17*ᵉ).
25. **Le Truc de Séraphin,** 3 actes (M. Desvallières et A. Mars), et **Un Mari dans du coton** (*Reprise*).
28. **La Bouquetière des Innocents.** 5 actes (A. Bourgeois et F. Dugué).

MARS

2. **Le Truc de Séraphin** et **Le Petit Voyage** (*Reprises*).
7. **Sabre au clair,** 5 actes (J. Mary).
9. **Le Truc de Séraphin** et **Le Petit Voyage** (*Reprises*).
12. **Sabre au clair** (*Reprise*).
14. **La Poissarde,** 5 actes (Dupeuty, Deslandes et Bourget), et **Le Truc de Séraphin** (*Reprise*).
18. **Le Marquis de Villemer,** 4 actes (George Sand), et **Un Scandale au Théâtre du Mans,** 1 acte (Duvert et Lauzanne).
21. **L'Assommoir,** 5 actes (Busnach et Gastineau), et **Un Scandale au Théâtre du Mans** (*Reprise*).
25. **Le Marquis de Villemer** (*Reprise*), et **Une Visite de Noces,** 1 acte (A. Dumas fils).
28. **Roger la Honte,** 5 actes (J. Mary et Georges Grisier).

AVRIL

1er. **Les Deux Gosses** et **Un Mari dans du Coton** (*Représentation gratuite*).
4. **La Porteuse de pain,** 5 actes (X. de Montépin et Dornay).
5. **Les Deux Orphelines** (*Reprise*).

8. **Divorçons** (*Reprise*), **Le Passant**, 1 acte (Coppée), **Une Tasse de Thé**, 1 acte (Nuitter et Derley).
11. **La Grâce de Dieu**, 5 actes (d'Ennery et Lemoine) et **Le Truc de Séraphin** (*Reprise*).

➤ OPÉRA ≺

AVRIL

18. **Faust**, 5 actes (Gounod).
20. **Mireille**, 3 actes (Gounod).
22. **Le Barbier de Séville**, 4 actes (Rossini).
25. **Si j'étais Roi**, 3 actes (A. Adam).
27. **Les Mousquetaires de la Reine**, 3 actes (Halévy).
29. **Mireille** (*Reprise*).

MAI

2. **Les Dragons de Villars**, 3 actes (Maillard), et **La Fille du Régiment**, 2 actes (Donizetti).
4. **Faust** (*Reprise*).
6. **Carmen**, 4 actes (Bizet).
9. **La Dame Blanche**, 3 actes (Boïeldieu), et **Le Maître de Chapelle**, 1 acte (Paër).
11. **Roméo et Juliette**, 6 actes (Gounod).
13. **La Traviata**, 4 actes (Verdi), et **Le Chalet**, 1 acte (Adam).
16. **Lucie de Lammermoor**, 4 actes (Donizetti), et **Le Chalet** (*Reprise*).
18. **Carmen** (*Reprise*).
20. **Mignon**, 3 actes (Amb. Thomas).
23. **La Traviata** (*Reprise*).
25. **Manon**, 5 actes (J. Massenet).
27. **Mignon** (*Reprise*).

OPÉRETTE

MAI

30. **Les 28 Jours de Clairette,** 4 actes (Victor Roger).

JUIN

1er **Les Mousquetaires au Couvent,** 3 actes (L. Varney).
3. **Les 28 Jours de Clairette** (*Reprise*).
6. **Les Cloches de Corneville,** 4 actes (R. Planquette).
9. **Le Grand Mogol,** 4 actes (E. Audran).
10. **Les Cloches de Corneville** (*Reprise*).

SCAPIN

Directeur-Fondateur : P. Bouvier

Ce Journal, créé en 1878, porta d'abord le nom de *L'Entr'acte*.

Deux ans plus tard, il s'appela *L'Orchestre*, puis il prit, en 1881, le titre : *Le Petit Manceau*, qu'il conserva fort peu de temps.

Depuis quinze ans, sous le nom de *Scapin*, il a donné le programme détaillé des soirées, ce qui a permis à des milliers de spectateurs de suivre les représentations avec tout l'intérêt possible ; il a publié, en outre, nombre d'articles humoristiques, de fantaisies piquantes, de récréations variées, intéressantes, qui ont atténué la longueur parfois exagérée et toujours ennuyeuse des entr'actes.

Scapin ne fait pas de politique et n'est l'organe d'aucune coterie : c'est à cette double circonstance qu'il doit sa longévité et son succès.

Il a ses lecteurs fidèles, qui apprécient son indépendance — marchandise rare par le temps qui court — et collectionnent avec soin tous les numéros.

Les colonnes du journal sont ouvertes à tous : il suffit, pour devenir collaborateur, d'avoir de l'originalité et des idées. Le talent n'est pas défendu.

SCAPIN

PENDANT LA SAISON 1896-1897

Programme de chaque spectacle.

Chronique théâtrale hebdomadaire d'Henri Sincère (Gustave Harel).

Articles divers, fantaisies en prose et en vers, poésies de Jéhan de Saintré (D. Vardon), P. Scapin (P. Bouvier), Marc Langlais, Gustave Harel, L'Ami Rault (A. Rault), Artifex (Alliévi), Georges Soreau, Œdipe (A. Hallier), etc., etc.

Bons mots — Passe-temps : charades, mots carrés, logogriphes, etc.

SILHOUETTES ARTISTIQUES

M. Jacques JOANNY

ADMINISTRATEUR

Véritable tempérament d'artiste, rompu à toutes les exigences, à toutes les difficultés du métier.

Joint à une longue pratique du théâtre une profonde connaissance des hommes et des choses.

Figure aimable, accueillante ; geste plein de rondeur, empreint de bienveillance, de cordialité.

Dans ses yeux vifs et clairs qu'abritent de fins sourcils argentés par le temps, passe un curieux reflet de joie triomphante, d'amère déception, de vague espérance.

A appartenu successivement au Gymnase, à la Porte-Saint-Martin, dont il a été le régisseur général, au Chatelet.

Sous la direction Vizentini, a été administrateur des Folies-Dramatiques pendant deux ans.

Excellent comédien, qui a donné cet hiver, aux Manceaux, un spécimen de son beau talent, en interprétant, d'excellente façon, le rôle du « Duc d'Aléria » dans *Le Marquis de Villemer*, le chef-d'œuvre de George Sand.

Il était impossible de composer avec plus de vérité cet intéressant personnage, de donner plus de relief à cette physionomie originale de blagueur indifférent et blasé, de noceur joyeux et insouciant, mais franc, qui a conservé malgré ses faiblesses, ses passions, ses fautes, un je ne sais quoi sympathique et charmeur.

Sa carrière directoriale a été longue, bien remplie, mouvementée.

En France, il traite avec les municipalités de villes importantes, notamment Le Mans, où il est resté de 1870 à 1877, Marseille où il restaure le théâtre du GYMNASE.

En Corse, il prend la direction de la scène d'Ajaccio; en Egypte, il administre le THÉATRE KHÉDIVIAL DU CAIRE.

Est revenu au Mans en qualité d'administrateur pendant la saison qui vient de s'écouler, ce qui a permis à M. Jules Joanny, chargé à son tour des fonctions parfois très lourdes, souvent difficiles, toujours délicates de Directeur, d'avoir recours à la vieille expérience paternelle.

M. Jules JOANNY

DIRECTEUR

Jeune : agréable défaut qu'on perd trop vite ; plein de bonne volonté, animé du désir très vif de bien faire : qualités précieuses qu'on peut, qu'on doit même toujours conserver.

A constamment vécu dans l'atmosphère spéciale aux acteurs et a été initié de bonne heure aux petits secrets de la profession par son père, comédien de talent, directeur habile.

Acteur d'un indiscutable mérite. A fait ses premières armes à Marseille sous la direction de M. Jacques Joanny ; puis a successivement appartenu aux théâtres de Boulogne-sur-Mer, de Saint-Étienne, de Cluny.

Est entré ensuite aux Folies-Dramatiques où il est resté un an et demi et où il a joué d'excellente façon le rôle de « Benoît » dans *Les 28 Jours de Clairette.*

A été engagé à Déjazet, puis à La Bodinière.

Plus récemment, a créé, aux Sables-d'Olonne, le rôle de « Pierrot réserviste » où il a obtenu un gros succès.

La direction de notre scène municipale en 1896-1897 forme son début.

A droit à la sympathie du public pour s'être laissé guider plus par le souci de s'entourer de bons artistes que par la préoccupation de réaliser de gros bénéfices.

Malgré les difficultés qu'il faut vaincre pour composer une troupe d'élite, est parvenu à réunir des acteurs et des actrices de valeur dont les spectateurs les plus difficiles se sont montrés satisfaits.

En engageant à grands frais notamment Mme Valduriez et M. Mikaëlly pour la saison d'opéra, a prouvé combien il tenait à être agréable aux Manceaux et s'est imposé un réel sacrifice dont il est juste de lui tenir compte.

La bienveillance que la presse et la population lui ont témoignée à maintes reprises l'aidera à parcourir la voie dans laquelle il s'est engagé et qui s'ouvre devant lui large et longue.

M. VEUILLET

Physique très sympathique, geste précis, exact savamment mesuré.

Beaucoup de correction et de bonhomie discrète.

Œil vif, air intelligent, voix sonore, au timbre agréable, aux inflexions justes, mais un peu chantante.

Taille moyenne, bien prise, qui paraît grandir sur la scène suivant l'ampleur du rôle et l'importance du personnage. Sous les costumes glorieux du général *Hoche* et du général russe *Gregorewitch* semble avoir cinq pieds six pouces.

Parole grave, maintien grave, démarche grave : la dignité devenue artiste.

Au reste, comédien d'un très réel talent, consciencieux et remarquablement doué.

A composé avec un véritable bonheur les personnages du *comte de Rysoor* (Patrie) : de *Hoche* et de l'*abbé Constantin*, dans les pièces du même nom ; de l'*abbé Dareynes* (La Mendiante de Saint-Sulpice) ; de *Georges de Kerloor* (Les Deux Gosses) : de *Fritz Kobus* (L'Ami Fritz) ; de *Lorin* (Le Chevalier de Maison-Rouge) ; du *comte Roger de Moray* (Martyre !) ; du *général Gregorewitch* (Sainte-Russie) ; de *Philippe Derblay* (Le Maître de Forges) ; de *Chicot* (La Dame de Monsoreau) ; du *colonel de Vandières* (Sabre au Clair) ; de *Jérôme* (La Poissarde) ; de *Roger Laroque* (Roger la Honte) ; de *Jacques* (Les Deux Orphelines) ; de *Coupeau* (L'Assommoir), auquel il a donné un relief saisissant.

Mme PHILIBERTE

Geste ample, air tragique, regard empreint d'une tristesse anxieuse.

S'est fait une spécialité des épouses fidèles, incomprises et malheureuses ; des mères au cœur aimant et désolé, rôles où elle excelle d'ailleurs.

Sa vie, pleine de douleurs imméritées, se passe — à la scène s'entend – dans des tortures sans nom, vaillamment supportées et remplacées, au dernier acte, par toutes les satisfactions possibles, par tous les bonheurs désirables.

Magnifique exemple de la vertu qui souffre et qui trouve toujours sa récompense finale.

Sait communiquer au public l'émotion intense qu'elle paraît éprouver et trouve des accents déchirants pour exprimer le désespoir auquel elle semble être en proie.

Excellente artiste qui a triomphé au Mans dans les rôles suivants : *Dona Dolorès* (Patrie !) *Jeanne Rivat* (La Mendiante de Saint-Sulpice) ; *Hélène de Kerloor* (Les Deux Gosses) ; *La femme Tison* (Le Chevalier de Maison-Rouge) ; *Madame de la Marche* (Martyre) ; *Marguerite de Savenay* (Sabre au Clair) ; *Madeleine* (La Poissarde) ; *La Marquise de Villemer* (Le Marquis de Villemer) ; *Madame Laroque* (Roger la Honte) ; *Jeanne Fortier* (La Porteuse de Pain) ; *La Comtesse de Linières* (Les Deux Orphelines).

M. CHERVET

Le bandit de haut vol, le traître des drames sombres.

C'est *Atkins*, de la Voleuse d'enfants ; le *Duc-d'Albe*, de Patrie ; *Michel Renard*, de Hoche ; *Gilbert Rollin*, de la Mendiante de Saint-Sulpice ; *Ribeiro*, des Pirates de la Savane ; le *Comte de Linières*, des Deux Orphelines ; *Dixmer*, du Chevalier de Maison-Rouge ; *Palmiéri*, de Martyre ; *Sir Williams Harrisson*, de Sainte-Russie ; *Monsoreau*, de La Dame de Monsoreau ; *Concini*, de La Bouquetière des Innocents ; *Laversan*, de Roger la Honte ; *Jacques Garraud*, de La Porteuse de pain.

A composé exceptionnellement les personnages sympathiques de *Brisquet* (Les Deux Gosses) et de *Jordanet* (Sabre au Clair).

Traits prononcés, énergiques, qui deviennent d'une extrême dureté quand le rôle l'exige.

Sait donner à sa physionomie un air farouche,

terrible, par un jeu de muscles accentué et un froncement de sourcils tout particulier.

L'effet se trouve encore augmenté par une voix profonde, un peu rude, et une façon bien spéciale de prononcer les r.

En somme, comédien de talent, consciencieux, puissant, très sûr de lui.

Mlle VASSEUR

Physionomie ouverte, intelligente, mobile, expressive.

Allure vive, décidée ; geste énergique, voix plutôt brève, mais qui ne manque pas de souplesse et qui sait prendre des intonations moelleuses, douces et suppliantes, lorsque les circonstances le demandent.

A la faiblesse bien excusable de s'éprendre de jeunes gens appartenant à un monde qui n'est pas le sien, subit le malheur de s'en faire aimer et passe sa vie à souffrir d'amours contrariées.

Intéressante victime de noires machinations, de trahisons infâmes, de ruses et de complots de toutes sortes.

Lutte courageusement contre tous ceux qui veulent sa perte et — est-il besoin de le dire ? — triomphe généralement de ses ennemis.

Je l'ai vue mourir une fois pourtant, dans l'*Assommoir*, où elle jouait le rôle de Mme Coupeau ;

mais, vous le savez, Emile Zola n'aime pas les demi-mesures.

Pauvre Gervaise !

A interprété de remarquable façon les rôles d'*Hélène* (Hoche) ; de *Mme Scott* (l'Abbé Constantin) ; d'*Henriette Rollin* (La Mendiante de Saint-Sulpice) ; de *Valentine* (Cabotins) ; de *Fanfan* (Les Deux Gosses) ; de *Claire de Beaulieu* (Le Maître de Forges) ; de *Diane* (La Dame de Monsoreau) ; de *Caroline de Saint-Geneix* (Le Marquis de Villemer) ; de *Gervaise Coupeau* (L'Assommoir) ; de *Julia de Noirville* (Roger la Honte) ; d'*Henriette* (Les Deux Orphelines).

AAAAAAAAAAAAAAAAAAAAAAAAAAAAAAAAAAA

M. BERDET

Dispos, souple, frétillant, étourdissant de verve et d'entrain.

Fait les grimaces comme pas un et remplit à ravir les rôles variés dont l'excentricité est la caractéristique.

Tire de sa voix un peu nasillarde, à laquelle il faut s'habituer, des effets inattendus.

Véritable tempérament de comédien, tout imprégné de l'atmosphère théâtrale.

A recueilli une ample moisson de bravos dans *Gavaut* (Gavaut, Minard et Cie); *Vilain* (Hoche); *Servais Duplat* (La Mendiante de Saint-Sulpice); *La Limace* (Les Deux Gosses); *David Sichel* (L'Ami Fritz); *Des Prunelles* (Divorçons); *Sir Elie Drack* (Martyre!); *Horatius Coclès* (Sainte-Russie): *Moulinet* (Le Maître de Forges); *Gorenflot* (La Dame de Monsoreau); *Leperchois* (Le Truc de Séraphin): *Le père Lemayeur* (Sabre au Clair): *Pailleux* (La Poissarde); *Mes Bottes* (L'Assommoir): *Tristot* (Roger la Honte; *Ovide Soliveau* (La Porteuse de Pain); *Picard* (Les Deux Orphelines); *de Boisfleury* (La Grâce de Dieu).

MME D'EMBRUN

Talent souple, moyens variés.

Possède, avec l'aisance que donne une longue habitude de la scène, l'art difficile de conformer exactement son jeu aux besoins du rôle qu'elle doit remplir.

Mme d'Embrun, c'est la simple et un peu naïve *Pauline*, de l'Abbé Constantin ; la bonne *Catherine*, de l'Ami Fritz ; *Mme Cardevent*, la mère tendre, émue et dévouée de Cabotins ; la désopilante *Mme Leperchois*, du Truc de Séraphin ; la roublarde et excentrique *Mme Minard*, de Gavaut, Minard et Cie ; l'astucieuse, méchante et vicieuse *Zéphirine*, des Deux Gosses.

Artiste excellemment douée, tout à fait digne des éloges que la Presse lui a décernés et des applaudissements que le Public ne lui a pas ménagés.

M. PÉLIO

Air dégagé, tournure élégante, manières distinguées, avec une toute petite pointe de préciosité qui ne manque pas de saveur.

Possède bien les qualités nécessaires à un jeune premier et donne aux rôles dont il est chargé toute la valeur possible par un jeu plein de naturel et une accentuation nette et franche qui ne laisse rien à désirer.chose éminemment utile mais assez rare.

A composé avec beaucoup de vérité les personnages de *Diogène* (La Revanche d'Iris); de *Pontgibaud* (Les Femmes nerveuses); de *Lucien de Kernoll* (La Mendiante de Saint-Sulpice); de *Saint-Marin* (Cabotins); du *Chevalier de Vaudray* (Les Deux Orphelines); de *Philippe d'Aulnay* (La Tour de Nesle), du *Chevalier de Maison-Rouge*, dans la pièce du même nom; de *Yegor-Vassileff* (Sainte-Russie); d'*Octave* (Le Maître de Forges); du *roi Henri III* (La Dame de Monsoreau); de *Gérard de*

Savenay (Sabre au Clair); de *Gaston* (La Poissarde); de *Raymond de Noirville* (Roger la Honte); de *Georges Darier* (La Porteuse de pain); du *Baron de Villedeuil* (Une tasse de thé); du *Marquis de Sivry* (La Grâce de Dieu).

Mme BELLI-PÉLIO

La coquetterie est sa spécialité; elle possède d'ailleurs le physique de l'emploi.

Grande, jolie, d'aspect imposant : une belle femme dans toute l'acception du mot et qui sait prendre, à l'occasion, le ton et les allures d'une dame de noble extraction.

A été très applaudie dans les rôles de *Sidonie* (Les Femmes nerveuses); d'*Iris* (La Revanche d'Iris); de *Diane de Puyrobert* (Hoche); de *la comtesse de Lavardens* (L'Abbé Constantin); de *Madame de Laversac* (Cabotins); d'*Elisabetz* (Sainte-Russie); de *Carmen de Saint-Hyriex* (Les Deux Gosses); de *Madame de Brionne* (Divorçons!); de *la Gorgogne* (Martyre); d'*Athénaïs* (Le Maître de Forges); de *la Duchesse* (La Dame de Monsoreau); de *Virginie* (L'Assommoir); de *la Baronne* (Une Tasse de thé); de *la Marquise de Sivry* (La Grâce de Dieu).

M. GUERCY

Blagueur à froid, facies caractéristique, voix mordante, qui donne aux mots, aux saillies, la plus grande portée.

Est pénétré de cette double vérité : qu'un silence est parfois plus éloquent qu'un discours et qu'un imperturbable sang-froid fait mieux ressortir le côté comique de certaines situations que les gestes forcés et les jeux de physionomie outrés.

Joue à ravir les rôles où l'étonnement plaisant, la surprise cocasse, le scepticisme gouailleur, l'indifférence comique, la bonhomie roublarde occupent une place prépondérante.

A beaucoup plu au public manceau, lequel l'a acclamé dans les divers personnages qu'il a composés : *Théodore* (Gavaut, Minard et Cie) *Paul de Lavardens* (L'Abbé Constantin) ; *Adhémar de Gratignan* (Divorçons) ; *Fadart* (Les Deux Gosses) ; *Frivolet* (Sainte-Russie) ; *Hippolyte Clapier* (Un Mari dans du Coton) ; *Fourberlot* (Sabre au Clair) ; *Colibert* (La Poissarde) ; *Bec-Salé* (L'Assommoir) ; *Pivolot* (Roger la Honte) ; *Cricri* (La Porteuse de Pain) ; *Pierrot* (La Grâce de Dieu).

Mlle GILBERTE

Gracieuse, spirituelle avec un petit air malicieux qui lui sied à ravir.

Possède un sens très développé du théâtre et joue avec une remarquable sûreté et un goût parfait.

Signe particulier : prononce les *e* d'une façon toute spéciale qui surprend de prime abord et paraît piquante ensuite.

Très aimée des Manceaux, qui ont mis souvent à contribution son talent de fine diseuse et sa bonne volonté d'artiste aimable dans les nombreux concerts organisés par diverses Sociétés.

S'est fait vivement applaudir dans *Bettina* (L'Abbé Constantin) ; *Rose* et *Marie-Blanche* (La Mendiante de Saint-Sulpice) ; *Suzel* (L'Ami Fritz) ; *Mme de Saint-Luc* (La Dame de Monsoreau) ; *Marceline* (Le Truc de Séraphin) ; *Régine Mauregard* (Sabre au clair) ; *Aurélie* (La Poissarde) ; *Diane de Xaintrailles* (Le Marquis de Villemer) ; *Suzanne Laroque* (Roger la Honte) ; *Mary Harmant* (La Porteuse de Pain) ; *Marie* (La Grâce de Dieu).

Mais le rôle où elle a eu le plus de succès — succès amplement mérité d'ailleurs — est celui de Claudinet, dans *Les Deux Gosses*.

Elle a donné à cette physionomie si intéressante, si profondément touchante, un inoubliable cachet de bonté douce, de tristesse résignée et de vraie grandeur.

M. DELANNOY

Grand et maigre.

Physionomie bien spéciale, parole un peu traînante, regard calme et profond qui a quelque chose d'étrange, de mélancoliquement vague : une de ces figures qu'on n'oublie pas.

Artiste consommé, qui a merveilleusement réussi dans des rôles fort difficiles.

Impossible de rendre mieux qu'il ne l'a fait, la folie tranquille et douce du pauvre *Jacques Bonhomme* (La Bouquetière des Innocents) : la sottise cocasse, la suffisance démesurée du stupéfiant *Piganiol* (Le Truc de Séraphin) : la gaieté bruyante et passablement bébête de *Tête-en-Buis* (La Porteuse de pain).

A composé, en outre, de plaisante manière, les personnages de *Jonas* (Patrie) ; de *Chamoisel* (Les Femmes nerveuses) ; d'*Ernest de Maxenville* (Le Petit Voyage) ; de *Godefroy* (Le Fils de Coralie) ; de *Pipo* (Maman Gâteau) ; de *Mulot* (Les Deux Gosses); de *Hanezo* (L'Ami Fritz) ; de *Clavignac*

(Divorçons !) ; de *Bachelin* (Le Maître de Forges) ; du *Duc d'Anjou* (La Dame de Monsoreau) ; de *Tournillon* (Sabre au clair) ; de *Bibi-la-Grillade* (L'Assommoir).

Mlle FLORENTIN

Première Soubrette.

N'a tenu que des emplois secondaires, sauf dans : *Un Mari dans du Coton,* bluette où elle a composé agréablement le personnage de Césarine ; *Divorçons!* où elle a joué, de remarquable façon, le rôle important de Cyprienne, et *Le Truc de Séraphin*, où elle a recueilli des bravos mérités sous les traits d'Octavie, la femme peu fidèle de l'étonnant Piganiol.

Jeune, vive, jolie et rieuse. La gaieté doit tenir une place sérieuse dans son existence et lui être particulièrement saine.

Semble se distraire tout en amusant les autres, ce qui n'est pas le cas de tous les comédiens.

En résumé, actrice sympathique et d'une réelle valeur.

M. WILFRID

Joue les amoureux, rôles difficiles, tâche ingrate. l'amour faisant partie des sentiments qui ne peuvent être bien exprimés qu'à la condition d'être ressentis.

Comment rendre exactement cette joie sans raison, cette tristesse que rien ne justifie, ces brusqueries inexplicables, ces bizarres inégalités d'humeur et surtout cette bêtise spéciale qui caractérisent ceux que le dieu malin a frôlés de son aile ?

Le public n'a pas toujours tenu suffisamment compte de cette difficulté et s'est montré parfois sévère pour le comédien.

Les principaux rôles remplis par M. Wilfrid ont été les suivants :

Saint-Just (Hoche) ; *Maurice Lindäy* (Le Chevalier de Maison-Rouge) ; *Ivan Scharp* (Sainte-Russie) ; le *duc de Bligny* (Le Maître de Forges) ; *Bussy* (La Dame de Monsoreau) ; *Médéric Jordanet* (Sabre au clair) ; le *marquis de Villemer*, dans la pièce du même nom ; *Lantier* (L'Assommoir) ; *Lucien de Noirville* (Roger la Honte) ; *Lucien Lablou* (La Porteuse de Pain) ; *Pierre* (Les Deux Orphelines).

M. MIKAELLY

Artiste supérieurement doué, très connu et très aimé des Manceaux.

Possède une voix chaude, bien timbrée, d'une grande souplesse, d'une étendue considérable, dont il tire de fort beaux effets.

Excellent comédien, énergique, quelque peu nerveux, qui connaît ses rôles sur le bout du doigt et compose ses personnages avec grand soin.

Apporte dans son jeu et dans son chant une pointe de fantaisie qui oblige le chef d'orchestre à se tenir constamment sur ses gardes.

Semble parfois s'intéresser d'une manière toute spéciale à certaines particularités de la pièce et s'amuser beaucoup sur la scène.

Son regard vif, intelligent, un tantinet moqueur, s'éclaire souvent de lueurs très vives...

Son superbe talent, fort apprécié des Directeurs, lui a permis de contracter de brillants engagements.

Chante depuis plusieurs années sur notre scène

municipale où il a merveilleusement rendu, entre autres rôles, ceux de *Faust* (opéra du même nom) ; *Vincent* (Mireille) ; *Almaviva* (Le Barbier de Séville) ; *Zéphoris* (Si J'étais Roi) ; *Olivier d'Entragues* (Les Mousquetaires de la Reine) ; *Sylvain* (Les Dragons de Villars) ; *Georges Brown* (La Dame Blanche); *Roméo* (Roméo et Juliette) ; *Edgard* (Lucie de Lammermoor) ; *Rodolphe d'Orbel* (La Traviata) ; *le Chevalier des Grieux* (Manon) ; *Wilhem Meister* (Mignon).

Mlle MARTHYL

Première dugazon.

Chanteuse de mérite, voix agréable, étendue et pure.

Avec cela, jeune, gentille et gaie, ce qui ne gâte rien.

Comédienne fort estimable qui joue avec beaucoup de verve et d'entrain.

A été très goûtée dans les rôles de : *Siébel* (Faust) ; *Zélide* (Si J'étais Roi) ; *Berthe de Simiane* (Les Mousquetaires de la Reine) ; *Jenny* (La Dame Blanche) ; *Clara* (La Traviata) ; *Mignon* (opéra du même nom) ; *Poussette* (Manon).

A composé d'agréable façon les personnages de *Clairette* (Les 28 Jours de Clairette) ; de *Simone* (Les Mousquetaires au Couvent) ; de *Serpolette* (Les Cloches de Corneville).

Ses meilleures créations ont été celles de *Rose Friquet* (Les Dragons de Villars) et de *Betty* (Le Chalet).

L'œuvre délicieuse d'Aimé Maillard lui a fourni l'occasion d'un beau succès.

A interprété avec beaucoup d'âme, en véritable artiste, le superbe morceau : « Espoir charmant, Sylvain m'a dit : je t'aime », mélodie pénétrante débordante de grâce amoureuse et d'émotion douce, ainsi que le joli duo : « Quelle folie, moi jolie !... »

M. ARTUS

Belle voix de basse, très sonore, fortement timbrée, très puissante, mais qui paraît, dans certaines notes, un peu cuivrée.

Jeune, grand, tournure distinguée, figure agréable. Ces choses n'ont assurément qu'un rapport fort éloigné avec la question artistique ; mais elles n'en contribuent pas moins à faire sur le public une impression favorable.

Sait comprendre et interpréter un rôle, ce qui n'est malheureusement pas le cas de tous les chanteurs, et joue avec beaucoup de précision, d'exactitude.

A appartenu à l'Opéra-Comique et se trouvait à Lyon au moment de son engagement pour notre théâtre.

S'est fait apprécier dans *Méphisto* (Faust); *Ramon* (Mireille); *Bazile* (Le Barbier de Séville); *Kadour* (Si J'étais Roi); *le capitaine Roland* (Les Mousquetaires de la Reine); *Gaveston* (La Dame Blanche); *Capulet* (Roméo et Juliette); *le sergent*

Max (Le Chalet) : *le comte des Grieux* (Manon) ; *Lothario* (Mignon).

Mais le personnage qu'il a composé de la manière la plus heureuse, la plus profondément vraie est certainement celui de *Sulpice*, le vieux sergent dans La Fille du Régiment.

Il s'est montré là chanteur excellent et comédien accompli.

M. DUPUIS

Né à Bruxelles le 16 juillet 1872.

Elève du Conservatoire de Paris, d'où il sort en 1892.

Prend d'excellentes leçons des maîtres E. Engel, de l'Opéra, et Isnardon, de l'Opéra-Comique.

Travaille ferme pour composer son répertoire et se trouve engagé, l'année même de sa sortie du Conservatoire, aux Bouffes-Parisiens, où il est chargé d'un rôle dans Eros, l'œuvre de P. Vidal.

L'année suivante, passe la saison d'été à Pougues-les-Eaux, où il fait la rencontre de Faure, dont il reçoit les encouragements flatteurs et les précieux conseils.

Est successivement engagé au Grand-Théâtre d'Angers (1893-1894), au Tréport (été 1894), au théâtre royal de Mons (1894-1895), à Saint-Pétersbourg (été 1895), aux Sables-d'Olonne (1895), à Amiens (1895-1896), à Brest et à Bagnoles-de-l'Orne (1896), au théâtre des Arts, à Rouen (1896-1897), et au Mans (1897).

A chanté, en outre, dans de nombreux concerts, à Bruxelles, à Liège, à Paris.

Vient de quitter notre scène municipale pour se rendre au casino de Néris-les-Bains.

Quoique très jeune, possède un répertoire excessivement étendu.

Comédien de beaucoup de valeur, dont le jeu et la tenue ne laissent absolument rien à désirer ; bon chanteur dont la voix, sans grande puissance mais fort bien conduite, est très juste, agréable et souple.

A tenu au Mans les rôles de : *Valentin* (Faust) ; *Figaro* (Le Barbier de Séville) ; *Mossoul* (Si J'étais Roi) ; *Ourrias* (Mireille) ; *Belamy* (Les Dragons de Villars) ; *Escamillo* (Carmen) ; *Barnabé* (Le Maître de Chapelle) : *Mercutio* (Roméo et Juliette) ; *Henri Asthon* (Lucie de Lammermoor) ; *Georges d'Orbel* (La Traviata) ; *Lescaut* (Manon) ; *Gibbard* (Les 28 Jours de Clairette).

A recueilli des applaudissements nourris lors de sa dernière soirée pour la façon heureuse dont il a composé le personnage de *Brissac* (Les Mousquetaires au Couvent).

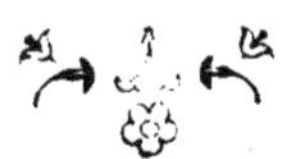

Mme VALDURIEZ

Sous le nom de Jeanne André, a fait connaissance avec les Manceaux en 1881, époque à laquelle elle fut engagée comme chanteuse d'opérette par M. Montel, qui venait de prendre la direction de notre théâtre.

Son père, M. C. Martin, excellent chef d'orchestre, fut son premier professeur. L'élève se montra digne du maître : les conseils paternels portèrent vite leurs fruits et déjà la jeune artiste avait goûté, à Marseille, les douceurs du triomphe lorsqu'elle vint au Mans.

La saison qu'elle passa dans cette dernière ville fut brillante : les bravos chaleureux, les appréciations flatteuses ne lui firent pas défaut.

L'enthousiasme qu'elle provoqua était d'autant plus significatif qu'elle succédait à une artiste de beaucoup de talent, difficile à remplacer, dont le souvenir était encore présent à toutes les mémoires : j'ai nommé Mme Morin.

Mme Valduriez a vu son talent s'affermir, se développer avec le temps ; son succès est allé croissant.

En quittant Le Mans, s'est rendue à Paris où elle a été engagée aux Folies-Dramatiques.

A débuté dans l'opéra, à Toulouse, il y a peu de temps. Avant son engagement au Mans pour la saison dernière, se trouvait à Lyon, la ville de province la plus renommée pour sa troupe théâtrale.

La petite chanteuse d'opérette d'il y a seize ans a parcouru dans un rayonnement la route que tant d'artistes trouvent si pénible, si dure, sur laquelle tant de bonnes volontés s'arrêtent, prises de découragement, brisées, lasses d'une lutte sans espoir. Mais aussi réunit, il faut bien le dire, tout ce qui peut faire le succès d'une artiste lyrique : un organe splendide, très juste, fort habilement conduit, un respect absolu de la mesure et du rythme, un jeu parfait, une physionomie agréable, sympathique.

La voix est surtout remarquable par une admirable pureté et une grande étendue.

A été très applaudie au Mans : les acclamations qui ont souligné les passages les plus remarquables de ses rôles ont pris parfois le caractère de véritables ovations.

En résumé, chanteuse et comédienne du plus grand mérite, en pleine possession d'un rare talent où le critique le plus expérimenté, le plus autorisé, ne pourrait découvrir la moindre faiblesse, la plus petite défaillance.

A composé remarquablement les personnages

de *Marguerite* (Faust) ; *Mireille* (opéra du même nom) ; *Rosine* (Le Barbier de Séville) ; *Néméa* (Si J'étais Roi) ; *Athénaïs de Solange* (Les Mousquetaires de la Reine) ; *Marie* (La Fille du Régiment) ; *Anna* (La Dame Blanche) ; *Juliette* (Roméo et Juliette) ; *Lucie* (Lucie de Lammermoor) ; *Violetta* (La Traviata) ; *Manon* (opéra du même nom) ; *Philine* (Mignon).

ARTICLES DIVERS

A propos d'un SCANDALE AU THÉATRE DU MANS

S'il y a des faits très vraisemblables qui sont faux, par contre, on se trouve quelquefois en présence de faits parfaitement authentiques qui sont invraisemblables.

Cela existe dans tout ordre d'idées.

L'imagination la plus brillante, la plus riche, la plus fertile en trouvailles extraordinaires, abracadabrantes, reste toujours au dessous de certaines réalités.

Lorsque vous entendez dire, par exemple, a quelque aimable farceur, qu'un paysan finaud et tortillard, égaré sur une voie ferrée, a marchandé son billet au guichet d'une gare quelconque, vous pensez que l'histoire est drôle ; mais vous avez la pleine conviction qu'elle est fausse.

Eh bien! ce marchandage, si surprenant soit-il à notre époque, n'est pas une invention d'un esprit fantaisiste; il se produit plus fréquemment qu'on ne pense.

Je connais une petite sous-préfecture où le fait

arrive tous les jours de foire et quelquefois aussi les jours de marché.

Un brave campagnard, vêtu d'une blouse de coutil rayé et coiffé d'un chapeau de feutre plat à larges bords — le costume des paysans bas-normands — se présente au guichet :

— « Vendez-vous des billets, Monsieu ?

— Quelle classe ?

— Ah ! dame, j'savons point ; la moins chère, dites ?

— Troisième alors. Quel endroit ?

— Saint-Fraimbault, pardi. Mais, Monsieu, comben don' qu'ça va m'coûter ?

— 1 fr. 45.

— 1 fr. 45 ? quiens, mais c'est pas pour rien. Vous n'pourriez pas m'diminuer un p'tit quéqu'chose ?

— Dépêchons-nous, voulez-vous un billet, oui ou non ?

— Voyons, soyez pas méchant ; j'vas vous donner vingt sous tout ronds. Vous savez, la marchandise s'est ben mal vendue an'hui...

— Allons, écartez-vous, vous empêchez les gens d'approcher. »

Le bonhomme s'éloigne un peu et, de la main gauche, soulève légèrement son chapeau pour se gratter la tête, signe certain d'une subite et forte préoccupation.

L'œil clignotant, les lèvres pincées, il réfléchit un

instant, parfaitement indifférent aux rires plus ou moins étouffés qui circulent autour de lui, puis se présente de nouveau au guichet.

Alors avançant la tête et prenant un air entendu :

— « C'est pas tout ça, j'vous donne vingt sous et j'paie la goutte au p'tit café d'à côté, insinue-t-il à mi-voix. »

L'employé est obligé de se fâcher pour lui faire quitter la place.

Il faut que le train entre en gare, qu'un dernier appel soit lancé aux retardataires pour que le naturel de Saint-Fraimbault se décide enfin, avec la plus mauvaise grâce possible, à déposer ses vingt-neuf sous sur la planchette en saillie où les petits cartons de la compagnie s'échangent contre la monnaie des voyageurs.

Ne croyez pas que je charge, que je cherche à corser l'incident : j'ai été témoin de la scène, je la rapporte telle qu'elle s'est passée.

Or, la ville où elle a eu lieu n'est pas, comme on pourrait le supposer, située dans quelque région sauvage, déshéritée, abandonnée de toute influence politique et par suite dépourvue de moyens de communication.

Non, la main protectrice d'un homme puissant s'étend sur la petite cité, laquelle se trouve en plein pays civilisé, au centre d'une contrée pittoresque et charmante, dans un coin de ce bocage normand varié, attrayant, plein d'agréables surprises, sillonné de belles routes, de chemins de fer, et visité par de nombreux artistes.

Du haut du rocher élevé où les maisons de cette ville minuscule se tassent et s'alignent avec difficulté, gênées par le manque d'espace, la vue s'étend sur une vallée profonde, immense, coupée de grandes haies vives d'où s'élancent des arbres magnifiques et arrosée par une petite rivière qui marque, de son ruban d'argent, les sinuosités capricieuses d'un terrain accidenté, tout en faisant entendre, joyeuse, mais discrète, sa claire chanson monotone et douce.

Mais je m'aperçois que la beauté du site m'entraîne un peu loin de mon sujet ; je m'empresse d'y revenir.

Vous savez à combien de chansonnettes comiques, de gais monologues ont donné lieu les mille incidents survenus au bon campagnard qui n'est jamais sorti de son trou et qui montre pour la première fois, au parisien gouailleur, sa mine fûtée, son air ébahi et son maintien gauche.

Dans l'une de ces fantaisies désopilantes, il est question d'un brave homme qui croit devoir terminer sa journée — une journée mouvementée, vous pouvez m'en croire, — par une visite à l'un des théâtres de la capitale.

On joue un drame sombre, tout rempli d'horreurs, où d'affreux bandits torturent, assassinent de paisibles citoyens.

Au moment où l'innocente victime va tomber sous les coups du misérable, notre honnête paysan se dresse, en proie à un trouble extraordinaire et indigné du calme qui règne dans la salle :

« Ah ! le brigand ! il va le tuer ! s'écrie-t-il. Et tous les autres qui le regardent faire tranquillement ! Est-ce assez lâche ? sont-ils assez capons ! Tas de poules mouillées ! Attends un peu, scélérat, je vais t'apprendre à vivre, moi ! »

Et notre homme, debout, furieux, le bras tendu vers la scène, veut absolument quitter sa place pour voler au secours de l'acteur menacé.

On a toutes les peines du monde à le calmer.

Vous devinez le soulagement qu'il éprouve, la joie qu'il manifeste quand finalement le brigand se trouve châtié comme il le mérite.

Les variations originales exécutées sur ce thème ancien, mais toujours amusant, donnent lieu à nombre de petites réflexions dans le genre de celles-ci :

« Ce n'est pas mal imaginé, et vraiment l'aventure serait drôle si elle pouvait arriver... — Une chose impossible, sans doute, seulement tout à fait piquante. — Aussi plaisant que faux ; ce n'est pas peu dire. »

J'en passe et des meilleures.

Eh bien ! cette chose intéressante mais prodigieusement invraisemblable arrive. Elle s'est passée tout récemment au théâtre de notre ville.

Vous vous rappelez la bluette jouée il y a peu de temps sur notre scène : *Un Scandale au Théâtre du Mans* ?

Le truc est classique : des acteurs et des actrices disséminés dans la salle, interpellent, à un moment donné, les comédiens qui sont sur la scène, d'où le scandale annoncé.

A la seconde représentation, pendant que Mlle Florentin, installée à une place des premières, apostrophait ses camarades, un Monsieur, qui se trouvait à côté d'elle, se leva brusquement et s'adressant à l'artiste :

« De quel droit troublez-vous la représentation, Madame ? Comment, vous n'avez pas honte d'élever ainsi la voix ? Mais vous empêchez les acteurs de jouer et les gens de suivre la pièce, c'est indécent, je proteste. »

Les comédiens s'étaient tus, interloqués ; et pendant que les spectateurs se tordaient, gagnés par un rire fou, irrésistible, on cherchait à faire entendre raison à cet homme trop digne, à ce partisan convaincu, mais naïf, d'une correction qui n'était pas de mise.

Peine perdue ; tous les efforts tentés pour l'apaiser et lui faire comprendre ce qui se passait furent inutiles.

« Je vais aller trouver le Directeur, continua-t-il ; je ne veux pas rester plus longtemps dans un théâtre aussi mal tenu. Je n'y remettrai jamais les pieds. »

Et l'honnête redresseur de torts imaginaires disparut, poursuivi par le brouhaha joyeux d'une salle entière mise en belle humeur par un incident d'une haute cocasserie.

Je vois votre sourire malin, Madame, votre air goguenard, Monsieur, et je saisis l'idée qui vous traverse l'esprit : « Peuh ! votre étonnant spectateur est un bonhomme tout frais débarqué de la Trugale, de Saint-Pavace ou des Commerreries... »

Erreur profonde !

Redevenez sérieux, je vous prie, voilez-vous la face et apprêtez-vous à recevoir un coup rude, un coup profondément humiliant : l'homme dont je viens de parler est un commerçant de la cité mancelle.

ADIEU ! BONJOUR !

A L'OCCASION DU CHANGEMENT DE FRONTISPICE DE SCAPIN

Scapin vient de se rajeunir; il s'est fait une nouvelle tête.

Le vieux frontispice qui avait servi de passeport à quantité d'articles fantaisistes, d'une piquante originalité parfois, avait droit à quelque respect: mais il faut bien en convenir : il n'était pas joli, joli.

Et puis, l'usage l'avait un peu détérioré, le pauvre; le temps, cet impitoyable destructeur, l'avait marqué de ses stigmates.

Bref, on l'a mis à la retraite comme un gendarme endommagé, qui n'a plus le poignet ni le jarret solides, comme un vulgaire sous-préfet, fatigué d'avoir commis un tas de méfaits politiques ou comme un simple employé de la manufacture des tabacs, las de participer, par son labeur quotidien, à l'empoisonnement de ses concitoyens.

On l'a mis à la retraite ; et le dessinateur Castille, l'artiste manceau bien connu, s'est chargé de lui trouver un successeur.

Il a pleinement réussi. Le nouveau frontispice, pimpant, coquet, tout de neuf habillé, fait aujourd'hui son entrée dans le monde. Je suis heureux, lecteurs, de vous le présenter, persuadé qu'il trouvera auprès de vous le plus charmant accueil.

Il a de la couleur locale; tout est bien à sa place dans ce gracieux ensemble.

Le théâtre, qu'on aperçoit dans un lumineux lointain, a pour cadre des scènes singulièrement suggestives.

Deux amours en éclairent la route si belle, si tentante, toute jonchée de roses...

Je me plais à croire que peu de Manceaux résisteront à la tentation.

Le théâtre, n'est-ce pas le meilleur moyen de se soustraire, pour un instant, à la banalité, aux tristesses de la vie courante ? N'est-ce pas la plus excellente façon de se reposer d'un travail absorbant, de passer quelques bonnes heures loin des ennuis du commerce, du tracas des affaires ?

D'un autre côté — vous ne m'en voudrez pas de vous le faire remarquer, — *Scapin* est là pour vous permettre de suivre la pièce avec plus d'intérêt et pour diminuer la longueur des entr'actes.

Joyeux *Scapin*, que ton bon rire
Toujours clair, sonore et vainqueur,
Chasse les soucis, la rancœur
Qu'on doit proscrire !

L'ARTISTE LYRIQUE OU DRAMATIQUE

Comme les bardes et les scaldes d'antique mémoire, comme les troubadours et les trouvères, l'artiste lyrique ou dramatique promène de ville en ville son caractère indépendant, son esprit humoristique, sa belle insouciance et les lauriers plus ou moins nombreux qui forment sa seule richesse.

Mais cette course sans fin à travers la France et parfois à travers l'Europe ne s'effectue plus à l'aventure, au hasard de la rencontre de quelque castel hospitalier : le comédien ne serait pas tout à fait certain d'y rencontrer l'accueil empressé, enthousiaste qui saluait aux siècles passés, l'apparition d'un barde à l'entrée d'un château-fort.

Nous ne sommes plus au temps des *Cours d'amour.*

L'existence de l'artiste se modernise.

Après s'être entendu avec le Directeur d'une scène quelconque, le disciple de Melpomène ou de Thalie prend le train tout simplement comme la mère Poulot, la marchande de poisson, le père

Durand, le petit rentier ou M. Painblanc, le gros négociant en grains.

Son voyage s'accomplit ainsi plus prosaïquement mais aussi plus rapidement, d'une manière banale sans doute, mais plus sûre.

Il ne se présente plus, la mandoline sur l'épaule, à la grille d'un vieux manoir, il heurte, une valise à la main, à la porte du théâtre où il est attendu

Toutefois, il n'a pas poussé l'imitation jusqu'au complet respect de la mode et des habitudes de chacun des pays où sa vie vagabonde le conduit.

Il a des allures bien personnelles et s'habille de façon à n'être pas, comme on dit, gêné dans les emmanchures.

Il ne manque jamais d'apporter dans le choix des étoffes et la coupe des vêtements cette fantaisie qui fait le fond du caractère de tout véritable artiste.

Aussi surprend-il toujours le bon bourgeois aux aguets de ce qui sort de l'ordinaire.

Quand notre acteur descend la rue en compagnie de quelques camarades, le petit épicier du coin, qui les a aperçus, fait signe à tout son personnel de venir contempler un spectacle étrange, surprenant, inouï.

Et la femme, les enfants, le premier commis et le garçon de course arrivent en hâte, se pressent, se tassent à la porte du magasin avec des figures en points d'interrogation.

Les petites remarques désobligeantes et les malveillantes suppositions s'élèvent immédiatement du groupe ainsi formé.

— Ces gens-là ne sont pas du pays, ça se voit tout de suite...

— D'où peuvent-ils bien venir? Sont-ils drôlement accoutrés ; ont-ils mauvais goût?...

— En voilà de singulières têtes! et puis quel air dévergondé!

Alors le chef de la maison, un homme intelligent et profond, jette sur tout ce monde de curieux un regard de supériorité dédaigneuse ; et les lèvres allongées en une moue significative, laisse tomber gravement cette appréciation, formulée en un français aussi frelaté que la plupart de ses produits :

« *Ça, c'est des comédiens !...* »

Le théâtre est un bienfait. C'est une éclaircie dans le ciel sombre des jours ennuyeux, une bienfaisante diversion aux soucis, aux préoccupations de toutes sortes qui assaillent l'être le plus heureux : c'est, pour quelques heures, l'oubli des peines intimes, des souffrances inavouées, le triomphe de l'aimable fantaisie et de la fiction réconfortante sur la réalité lourde et brutale.

Alors que l'existence vraie montre trop souvent le vice victorieux et la vertu reléguée au second plan, le drame, le bon drame qui se respecte, rend toujours justice à la délicatesse des procédés, à la noblesse des sentiments, à la droiture du caractère, à l'honnêteté de la conduite.

Et il faut voir quelle joie le public manifeste lorsque les pervers reçoivent la juste punition de leurs fautes, le châtiment mérité de leurs crimes !

La comédie flagelle les travers d'une société, les ridicules d'une époque, rôle éminemment utile et parfois excessivement plaisant.

Le chant réjouit, émeut, enthousiasme, transporte...

Ne trouvez-vous pas que l'artiste, à qui l'on doit les multiples sensations éprouvées au théâtre, est vraiment une créature précieuse, qui mérite plus que les applaudissements dont le public l'honore pendant les représentations ?

Certes, l'argent ne le tente pas : il sait que pierre qui roule n'amasse pas mousse. D'ailleurs, ses goûts, ses aspirations l'éloignent sensiblement de la question pécuniaire.

Son principal souci est de recueillir la plus grosse moisson possible de bravos.

Il ne craint que deux choses : l'indifférence sinon l'hostilité des spectateurs et les critiques des journalistes.

Il est particulièrement sensible aux manifestations bienveillantes : les acclamations de la foule dilatent son âme et lui mettent la joie au cœur.

Mais j'estime que le Monsieur qui, après avoir payé sa place, a applaudi l'artiste dont le talent l'a charmé n'est pas entièrement quitte envers lui.

A mon humble avis, il lui doit encore un peu de cette sympathie qu'il accorde si facilement à nombre de gens dont l'égoïsme, l'esprit étroit, le caractère mesquin et parfois même la roublardise forment les seuls titres de gloire.

En ce qui me concerne, j'aime l'acteur pour les distractions joyeuses, saines et fortes qu'il m'a si souvent procurées, pour les bons moments qu'il m'a fait passer.

Et il n'a aucun gré à me savoir de ce sentiment : je lui rends tout juste ce qui lui appartient ; car cette amitié n'est, en somme, que de la reconnaissance.

REPRISE DE « DIVORÇONS! »

Le divorce a fait couler des flots d'encre, a déchaîné bien des colères.

Comme toutes les lois qui modifient profondément certains côtés de la vie sociale, il a eu ses détracteurs convaincus, acharnés et ses défenseurs non moins sincères, non moins résolus.

Mais la masse du public ne se sentant atteinte ni dans ses intérêts ni dans ses sentiments ni dans ses affections n'a pas cru devoir se passionner pour une question dont certaines individualités, placées dans des conditions spéciales, auraient seules à se préoccuper.

Et le divorce a été voté, est entré dans les mœurs ; et aujourd'hui, le public a l'air de s'en soucier comme de l'an mille, d'assez obscure mémoire.

Loin de moi la pensée de revenir sur les arguments qu'on peut faire valoir pour ou contre la loi en question. Je tiens simplement à noter les quelques réflexions qui me sont venues à l'esprit lors de la reprise au théâtre du Mans, cet hiver, de *Divorçons.*

Cette pièce est du Sardou de derrière les fagots ; c'est une comédie légère, mordante, pétillante d'esprit et de malice.

L'auteur, qui n'est pas partisan du divorce, cherche à nous montrer que, le plus souvent, le différend qui s'élève entre les époux n'a pas de motif grave : il vient de ce que le mari et la femme sont forcés de vivre constamment l'un près de l'autre, de la même vie, dans une uniformité qui confine à la monotonie et parfois même à la banalité.

Dans ces conditions, les qualités et les charmes physiques, à cause de leur fixité, finissent par ne tenir qu'une toute petite place dans le ménage, tandis que les différences de goût, d'humeur, de caractère, de tempérament, se traduisent par des mots vifs, des querelles, des scènes qui se renouvellent, augmentent et finissent par éloigner l'une de l'autre deux personnes qu'aucune raison vraiment sérieuse ne divise.

Et quand cet éloignement est devenu une antipathie par trop accentuée, on fait appel au divorce pour dénouer une situation intolérable.

Qu'est-ce que cela prouve ? Tout simplement qu'il y a au fond de l'âme un désir plus ou moins vif de ***nouveau***, un besoin plus ou moins prononcé de *changement*.

C'est ce besoin qui rend l'être presque insensible à ce qu'il voit habituellement, ainsi qu'aux avantages dont il jouit à volonté ; c'est ce besoin qui lui fait abandonner ce qu'il possède pour rechercher ce qui n'est pas à sa disposition et qui vaut moins ; c'est ce besoin enfin qui, dans *Divorçons*, conduit une femme jeune et gentille à délaisser un mari aimable et fort bien de sa personne pour se laisser faire la cour par un godelureau ridicule et mal tourné.

Cette constatation nous place en face d'un problème psychologique profond et d'une grande portée. Seulement le poser n'est pas le résoudre

Le mieux serait encore de fixer le cœur; mais comment ? Tout le monde sait que le sentiment n'a rien de commun avec la froide raison.

Ah ! si le mari, au lieu d'exercer d'une façon autoritaire, fantaisiste, blessante parfois le droit que la loi lui confère, un peu brusquement peut-être, se faisait solliciteur aimable et discret ; si la femme, de son côté, se surveillant un peu, évitait d'être négligente, nerveuse, bizarre, arrogante même, pour se montrer attentive, douce, patiente et gaie ; si les époux enfin laissaient planer entre eux quelques parcelles du mystère charmant qui trouble si délicieusement l'âme des amoureux, certes, un grand pas serait fait dans le sens d'une entente durable...; car la monotonie dangereuse qui pèse généralement sur les êtres destinés à vivre ensemble et qui s'accorde si mal avec certaines tendances naturelles se trouverait singulièrement atténuée.

D'un autre côté, les froissements seraient moins nombreux, les dissentiments moins profonds.

Mais non! le mariage, trop souvent hélas! coupe les ailes à l'Amour, et le petit dieu, orgueilleux et tyrannique, mécontent d'être ainsi traité, s'éloigne rapidement de la maison inhospitalière et finit par l'abandonner tout à fait laissant les habitants tristes, maussades et exposés à des hasards sans nombre.

Heureusement, la dignité, l'amour-propre, le respect du foyer, l'idée du devoir barrent souvent la route au mauvais génie qui nous pousse.

En somme, que l'antipathie qui peut séparer le mari et la femme prenne sa source dans des futilités ou dans des considérations d'ordre élevé, elle n'en existe pas moins.

Et dans les cas désespérés, le divorce apparaît comme un mal nécessaire, seul capable de tirer de l'impasse où les circonstances les ont placés, les malheureux dont la vie, toute de souffrances et d'inquiétudes, n'est plus orientée.

L'impression qui se dégage de la comédie de M. Sardou, toute part faite au côté spirituel, amusant et exagéré, c'est qu'il est extrêmement difficile, pour ne pas dire impossible, de mettre les sentiments et les besoins purement humains d'accord avec les nécessités sociales.

Je sais bien qu'après un *essai* de divorce, Cyprienne s'empresse de revenir à son mari dont elle reconnaît enfin les mérites, ce qui veut dire qu'elle n'aurait pas dû le quitter. Eh ! oui, mais il y a dans la vie des circonstances où la raison ne pèse pas lourd ; et puis... on n'apprécie bien que ce qu'on a perdu.

Au reste, combien durera la réconciliation ? Peut-être longtemps, peut-être toujours.

C'est égal, si j'étais à la place de M. des Prunelles, l'époux de la belle repentante, je ne serais pas du tout rassuré...

TABLE

TABLE

www.ingramcontent.com/pod-product-compliance
Ingram Content Group UK Ltd.
Pitfield, Milton Keynes, MK11 3LW, UK
UKHW020932180726
13838UKWH00002B/905